AF331799

PLAIDOYER

PRONONCÉ LE 14 JUIN,

DEVANT LA COUR ROYALE,

PAR M. PINET,

Pour M. DE MAUBREUIL, sur l'appel du jugement de première instance, qui, le 22 mai 1817, avoit rejeté la demande de M. DE MAUBREUIL, de plaider en personne sa plainte en calomnie contre M. le Comte DE SEMALLÉ.

PARIS.

IMPRIMERIE DE LE NORMANT, RUE DE SEINE, N° 8.

1817.

PLAIDOYER

PRONONCÉ LE 14 JUIN,

DEVANT LA COUR ROYALE ;

PAR M. PINET,

Pour M. DE MAUBREUIL, sur l'appel du jugement de première instance, qui, le 22 mai, avoit rejeté la demande de M. DE MAUBREUIL, de plaider en personne sa plainte en calomnie contre M. le Comte DE SEMALLÉ.

Aussitôt que vous avez connu, Messieurs, la réclamation de M. de Maubreuil, par l'excellent rapport que vous venez d'entendre, vous vous êtes certainement demandé à vous-mêmes, comment il se fait que, demeurant toujours arrêté dans les formes de la procédure, cet homme ne puisse jamais parvenir à discuter le fond d'un procès. La voix publique, les plaidoieries d'un de nos avocats les plus illustres vous ont appris que Maubreuil, traîné de juridiction en juridiction, de tribunal en tribunal, avoit déjà parcouru toute la hiérarchie judiciaire dans ses trois branches, militaire, administrative, civile, depuis la chambre du conseil jusqu'à la Cour de cassation, sollicitant partout un jugement définitif, n'obtenant jamais que des

EXORDE.

1

réglemens de procédure , et qu'il pouvoit compter désormais neuf dé-
cisions de cette espèce, sans parler de la dixième qui se prépare à
cet instant en province. Cette rigueur inouïe du sort , qu'on ne peut
expliquer que par la fatalité et par une prédestination malheureuse ,
vient , Messieurs , de se signaler cruellement dans une occasion importante. Une brochure atroce se répand dans le public , et sème
de tous côtés les imputations les plus horribles contre M. de Maubreuil. Elle parvient dans la prison où languit ce malheureux, et le
peu de force que lui laissent trois années de souffrances et de misère,
il les emploie , ranimé qu'il est par l'indignation , à porter plainte
devant les tribunaux : on accueille la plainte ; mais quand il s'agit de
la discuter, d'en développer les moyens, on lui refuse , Messieurs ,
qui le croiroit ! on lui refuse la triste faveur de le faire en personne.
Vainement affirme-t-il que seul il peut expliquer sa cause , qu'il ré-
pudie tout plaidoyer prononcé en son absence ; on ferme l'oreille à
ses cris , et le retenant en prison , on le menace de passer outre, et
de procéder par défaut. Cette décision émane des mêmes juges dont
vous avez naguère réformé une sentence concernant aussi M. de Maubreuil ; et ces deux jugemens , quoique fort différens quant à la chose
jugée , ont cependant ce rapport, soit entr'eux, soit avec tous les
jugemens rendus dans le procès de M. de Maubreuil, qu'on y remarque
toujours cette affectation maligne de la fortune, à combattre Maubreuil
par les mêmes armes, à lui opposer des fins de non-recevoir, des
obstacles de procédure , et à l'envelopper ainsi dans les replis innom-
brables de l'instruction criminelle la plus compliquée qui se soit jamais
vue.

 La question d'aujourd'hui, détachée en effet complétement du
fond, n'est qu'un point de procédure ; elle se réduit à savoir si M. de
Maubreuil sera tiré de la prison, et conduit à l'audience pour y développer lui-même sa plainte. Les premiers juges l'ont résolu négative-
ment , et ma tâche à moi , bien facile à remplir, est de vous dé-
montrer que cette décision injuste, inhumaine, échappée cependant
à des magistrats pleins d'équité et de douceur, doit, sans hésiter, être
réformée. Afin d'atteindre ce but il me faut d'abord établir solidement

les principes sur lesquels se fonde la demande de M. de Maubreuil, réfuter ensuite les objections qu'on peut lui opposer : tel est le plan bien simple de cette défense, un peu aride comme toute discussion de droit, mais pourtant d'un intérêt général, et durant laquelle je vous prie de m'accorder cette attention qu'on vous voit donner scrupuleusement aux moindres affaires.

Notre premier principe se tire de la loi naturelle qui permet à chacun de soutenir lui - même ses prétentions, soit qu'on dirige une attaque, soit qu'on la repousse. Qu'est-ce en effet que l'homme, sinon un être doué de facultés physiques et morales que lui départit la nature, pour son salut et pour la conservation de ses jouissances ? Lors donc qu'il s'agit de se protéger, l'homme est autorisé sans doute à se servir des moyens que la nature a laissés à sa disposition. Si nous remontons même à l'état primitif, nous verrons l'homme investi non seulement de la faculté de défendre, mais, ce qui paroît d'abord extraordinaire, du pouvoir de juger sa propre cause. Car nous naissons tous indépendans les uns des autres, et tant que les institutions sociales ne modifient pas notre condition, chaque individu est une espèce de souverain dont la royauté s'étend à proportion de ses forces. Dans cette première origine tous les droits se confondent avec celui du plus fort ; humainement parlant, c'est la force qui fait la justice, et chacun prononçant dans sa cause, par ce qu'il ne connoît ni magistrats ni supérieurs, a toujours bien jugé, pourvu qu'il ait la force de faire exécuter l'arrêt. Mais, dès qu'on avance un peu plus, on voit le besoin social créer la magistrature qui dépouille les parties du droit de se juger elles - mêmes, et les prive, pour leur intérêt, d'une portion de leur indépendance. Toutefois, si le bien de la société veut qu'on défende à ceux qui la composent de se faire justice par leurs mains, il n'exige pas qu'on prive les cliens de la faculté de discuter leur droit ; et comme, au contraire, ce reste précieux de la liberté primitive se concilie à merveille avec la tranquillité publique, on doit en laisser scrupuleusement la jouissance aux citoyens.

Je puis donc affirmer que non seulement dans ce grossier état de nature dont les jurisconsultes ne parlent guère, parce qu'il rapproche trop l'homme de la brute, mais aussi dans l'état perfectionné où la

Confirmation.

I.

société se montre pleine de vigueur et d'éclat, nous obtenons du droit
naturel le pouvoir de mettre notre confiance en nous-mêmes, et de
ne pas recourir aux facultés d'autrui, quand il nous plaît de faire
usage des nôtres; que si nous passons à la loi écrite, vous vous con-
vaincrez aisément qu'elle n'est sur ce point que l'interprète fidèle de
la loi naturelle. Toutes les législations modernes accordent aux cliens
le pouvoir de plaider eux-mêmes, et la loi romaine, non contente de le
leur permettre, leur enjoignit même long-temps d'assister à l'audience où
ils étoient déjà représentés. Vous parlerai-je de nos Codes si bien connus
de vous? Celui qui règle la procédure civile a une disposition formelle
à cet égard, l'article 85. La présence des avoués est exigée, il est vrai;
mais il ne faut pas se méprendre sur la nature de leurs fonctions : ils
ne sont là que pour certifier l'identité des plaideurs, pour diriger la
procédure, pour constater les demandes respectives; contribuant à la
défense par la clarté de l'instruction, ils laissent toujours la plaidoierie
au pouvoir du client qui, s'il ne la garde pas pour lui, la place à son
gré dans la bouche de l'avoué ou dans celle de l'avocat. Au criminel
et au correctionnel, la loi n'est pas moins expresse : exagérant même,
pour les accusés, les droits de la défense, elle exige qu'après les plaidoieries du défenseur, les présidens leur demandent s'ils n'ont rien à
dire de leur propre bouche. Les plaignans, quoique vus d'un œil
moins favorable, assistent pourtant aux débats : ils peuvent interpeller
l'accusé, les témoins, plaider et répliquer par eux-mêmes ou par un
défenseur, et souvent ils font l'un et l'autre.

Je puis donc affirmer encore que, selon le droit civil, comme selon
le droit naturel, d'après les principes écrits, comme d'après ceux que
nous révèle la raison, l'homme, le citoyen, dans quelque partie de
l'ordre judiciaire qu'il soit jeté, quelque rôle qu'il y joue, a droit de
demander justice par lui-même, et de plaider sa cause en personne:
et, faisant à M. de Maubreuil l'application de ces principes, nous
disons qu'à moins de quelque motif d'exceptions bien prouvé dans
sa personne, il en doit recueillir les fruits. Ce premier anneau de
la chaîne de nos raisonnemens étant une fois affermi, nous voilà
parvenus au véritable point de la question, qui se précise de mieux
en mieux; elle consiste à savoir si, de l'état de détention préliminaire,

résulte une exception aux principes généraux que nous venons de fixer. Les principes souffrent quelques exceptions ; ainsi, par exemple, l'interdit civil, le mineur ne sont point admis à plaider eux-mêmes ; mais faut-il en ajouter une au préjudice du détenu ? voilà le sujet réel de la discussion.

La loi n'a que deux manières d'ordonner : expressément, par un texte formel ; tacitement, par des inductions tirées de l'esprit connu du législateur. Si donc nous ne trouvons d'exceptions ni de la première, ni de la seconde espèce, nous conclurons qu'il n'en existe pas du tout.

Or, j'ai bien lu tous les articles relatifs aux mandats de dépôt et d'arrêt, à la prise de corps, sources diverses de l'emprisonnement provisoire, et je n'ai rien vu qui ressemblât à l'exception cherchée. Ma mémoire ne me suggère pas davantage : je crois pouvoir assurer que vous ne trouverez rien de plus : ainsi, jusqu'à ce qu'on nous rapporte un texte formel, nous tenons pour constant qu'il n'y a pas d'exception littéralement exprimée.

En existe-t-il de tacite ? J'ai besoin ici de réflexions un peu plus étendues, et je dois retracer l'idée que vous vous êtes, sans doute, déjà formée de la détention provisoire. Je l'ai appelée devant les premiers juges une *injustice nécessaire*, et cette alliance singulière de mots me paroît le terme propre. C'est une injustice en effet, puisqu'on retient en prison un homme qui n'est pas convaincu, et qu'on le prive du premier de tous les biens avant de savoir s'il a mérité le plus léger châtiment. Cette injustice est nécessaire, puisqu'il importe à la société que les prévenus ne puissent échapper, et qu'ils soient jugés contradictoirement. Ce malheur, suite inévitable de l'imperfection des choses humaines, est fait pour vous toucher, car rien ne prouve que celui qui le souffre l'ait mérité, et bien souvent l'expérience nous laisse à cet égard les plus douloureux regrets. Aussi tous ceux qui ont écrit sur la jurisprudence criminelle se sont récriés contre l'emprisonnement provisoire, et convenant de sa nécessité, ils ont dit que, pour se rapprocher un peu de la justice, il falloit abréger cet emprisonnement le plus qu'on pourroit, et l'adoucir par tous les soulagemens compatibles avec la détention. C'est le véritable esprit du législateur qui se précipite vers le terme de la procédure criminelle, et qui n'ayant indiqué nulle part les effets de la détention, a par là même nettement déclaré, qu'il n'y attachoit d'autres conséquences que celles qui en découlent nécessairement. Cet état, déjà trop rigoureux par lui-même, croyez-vous maintenant que l'intention du législateur soit de l'aggraver encore ? A cette première injustice de la société, pensez-vous qu'il soit bien légal d'en ajouter une seconde, terrible pour le détenu, et sans avantage pour la détention ? D'abord, l'interdiction de plaider effraie par ses conséquences : elle expose les détenus demandeurs à demeurer sans défense chaque fois que les personnes libres refuseront leur ministère, ou à n'être que mal défendues quand la cause ne pourra s'expliquer bien que par eux-mêmes. Ensuite cette interdiction est sans avantage pour personne. C'est ici, Messieurs, qu'on déploiera de grands efforts pour prouver que l'interdiction de paroître devant les tribunaux résulte nécessairement de la détention. On vous dira que si aucune loi n'a déterminé les effets de cette mesure, toujours est-il certain qu'elle doit avoir lieu, ainsi que tout ce qui en est la suite. Or, la conséquence de la détention est précisément de ne pouvoir vaquer soi-même à ses affaires hors de la prison. Cependant, plaider soi-même devant un tribunal, c'est pour ses affaires sortir de la prison ; on peut donc justement le refuser au détenu. Le vice de ce raisonnement consiste à outrer les conséquences funestes de la détention qui, par humanité, doivent être restreintes autant que le permet l'intérêt public. Il faut, sans doute, refuser ce qui feroit de la détention une chimère : ainsi, on ne permettra pas au prisonnier d'aller à la culture de ses héritages, à ses occupations domestiques, parce qu'alors il n'y auroit plus d'emprisonnement ; mais nulle loi n'ayant expliqué ce qu'on doit lui refuser, l'humanité reprend tous ses droits quand les demandes ne sont point incompatibles avec la détention. Et précisément parce qu'on ne peut refuser que ce qui détruit l'emprisonnement, on doit accorder tout ce qui le laisse subsister. Or, notre demande ne le suspend ni ne le viole. M. de Maubreuil deviendra-t-il libre, parce que, entre deux haies de gendarmes, il sera venu de la prison, et qu'il sera demeuré quelques instans à l'audience ? Il a fait naguère et encore aujourd'hui ce trajet, et certes ni lui-même ne s'avise de se croire libre, ni personne de dire qu'il le soit. La prison me semble, en de telles circonstances, suivre sa proie ; et ne la pas quitter : la détention, à cet instant, est même plus exacte que jamais; le prisonnier, serré de près, a moins de facilité pour s'évader que dans la vaste enceinte d'une prison, et cette réflexion est assez justifiée par l'expérience. Mais je reviendrai ailleurs sur ces idées combinées avec d'autres plus importantes. Qu'il nous suffise maintenant d'avoir prouvé que l'interdiction de plaider par soi-même n'est point une suite nécessaire de la détention, et qu'ainsi nous ne trouvons dans l'emprisonnement préalable ni motif tacite, ni motif exprimé d'exception à notre principe général, qui s'applique à M. de Maubreuil dans toute sa force.

J'ai soutenu jusqu'ici la demande de M. de Maubreuil par les principes généraux du droit : je vais maintenant me servir d'un article qui semble fait spécialement pour la cause, c'est l'article 190 du Code d'instruction criminelle. Il donne le droit d'exposer la cause au procureur du Roi et au plaignant. Le magistrat parle d'abord, ensuite vient le tour du simple particulier ; mais le droit est le même pour tous les deux. Comment des magistrats refuseroient-ils ce que la loi accorde? Quand elle ne distingue point entre le plaignant libre et celui qui ne l'est pas, pourquoi inventer des distinctions? Si le plaignant ne demandoit pas à paroître, on pourroit se passer de lui ; mais lorsqu'il réclame ce droit, comment le lui dénier sans violer une loi formelle ?

Enfin, Messieurs, pourquoi refuser à Maubreuil ce que personne n'a intérêt de lui contester , pourquoi cette privation cruelle pour lui, et qui ne sera avantageuse pour personne ? Certes, M. de Sémallé n'a point d'intérêt à contredire notre demande.

Qu'il redoute de se trouver en présence de M. de Maubreuil, surtout depuis la dernière fois que Maubreuil a paru devant vous : qu'il ait vu avec plaisir la décision attaquée qui lui épargnant cette confrontation, lui a fait concevoir l'espérance d'obtenir à l'aide d'un jugement par défaut la déclaration de son innocence; ces sentimens de crainte et de plaisir sont vraisemblables, mais ils ne sauroient devenir des moyens en justice. Quant au ministère public , il est également désintéressé. J'ai vu en première instance M. le substitut tourner toute la vigueur de son talent peu ordinaire contre la demande qui nous occupe. Tandis que j'admirois cette éloquence, je me demandois pourquoi elle couloit si abondamment; ce n'étoit pas dans l'intérêt des principes , car on étoit convenu que le tribunal avoit le pouvoir d'ordonner l'extraction : et cependant on s'y opposoit comme si la justice eût été en péril. Mais après avoir dit que le tribunal pouvoit s'il le vouloit , admettre Maubreuil , au moins falloit-il donner le motif qui empêche d'user de cette puissance. On ne l'a point fait alors , on ne le fera pas non plus main-tenant ; pourquoi donc dénier à un malheureux une satisfaction à laquelle il a droit, que les magistrats sont maîtres d'accorder, et qui ne blessera personne ? Le ministère public par humanité doit accéder à une décision favorable, il doit même la réclamer comme dépositaire de la vindicte publique, et comme magistrat intéressé à la parfaite instruction du procès.

C'est ici que s'ouvre devant moi un nouvel ordre de choses. J'ai considéré jusqu'ici dans mes conclusions l'intérêt seul de mon client ; il me reste à vous prouver que vous, Messieurs, à cause de l'intérêt public, à cause de vous-mêmes, vous ne pouvez vous dispenser de les admettre. Je dis un mot d'abord de l'intérêt social qui sollicite évidem-ment la présence de M. de Maubreuil : car, à la moindre rumeur de crime ou de délit, s'éveillent les inquiétudes de la société , et la vigilance des magistrats. Ce n'est pas seulement le crime avéré qui fixe l'œil de la justice , mais encore le crime soupçonné. Vous êtes chargés d'appliquer les châtimens, mais aussi de découvrir ceux qui les méritent. En combien de circonstances la loi vous transforme-t-elle en juges instructeurs ? Cette qualité est le complément de votre man-dat, et les principes de la police vous ordonnant d'instruire , quoi qu'il en puisse arriver, donnent un caractère public même à la plainte entre parties : comment rendrez-vous compte de votre mission , si vous négligez de la remplir ? La société trouvera , je le sais, dans votre sagacité et dans celle du ministère public, une admirable garantie, mais qui peut assurer à l'homme qu'il a tout vu et tout connu ? par quelle inconcevable précipitation d'esprit des magistrats, à qui leur science même apprend à se défier de l'entendement , négligeroient-ils un moyen de plus de vérifier des bruits alarmans ? Que sous ce rap-port l'audition de Maubreuil soit laissée à votre pouvoir discrétionnaire,

cela peut être ; mais il est certain que si , négligeant d'entendre Maubreuil, vous absolviez ensuite M. de Semallé , votre conduite ne seroit
point irréprochable aux yeux de la société, qui craindroit qu'une
telle absolution fût l'ouvrage de l'erreur, et non de la justice.

Mais votre conscience, Messieurs, ne vous dit-elle rien à ce sujet?
Croyez-vous que des magistrats puissent prononcer sur un intérêt, quel
qu'il soit, avant d'avoir ouï la discussion ? peut-on juger sans con-
noître ? Vous connoîtrez suffisamment, dira-t-on, par les pièces, et
par les réflexions du procureur-général : d'où pourroit venir cette
assurance ? la capacité de notre entendement n'est pas la mesure de la
vérité. Enfin, lors même qu'il en seroit ainsi, les convenances du
moins n'exigent-elles pas que vous écoutiez avant de juger. Prenez-y
donc garde, Messieurs, il y va de votre conscience, il y va de
votre honneur.

Et quel jugement, en effet, suivroit celui qui auroit rejeté notre
demande ? Seroit-ce un jugement contradictoire ? il n'y auroit pas de
conclusions prises. Seroit - ce un jugement par défaut ? le plaignant ne demande qu'à se présenter, et ce sont les magistrats qui le
refoulent dans la prison : situation bizarre, et qui seule attesteroit l'ir-
régularité de la démarche précédente, puisque l'embarras de la justice prend toujours sa source dans une violation de la loi. Ce qui seroit certain, c'est que Maubreuil demandant à plaider, n'y auroit
point été admis; et la perte de son procès, suite infaillible de son
absence, passeroit dans le monde pour l'effet d'une discussion incom-
plète. Ah ! je vous en conjure, Messieurs, par les droits sacrés de
l'humanité, par l'honneur de la magistrature, ne donnez pas à tant
de gens attentifs à ces débats dans cette enceinte et hors de cette enceinte, le spectacle déplorable d'un procès jugé sans plaidoirie, et
d'un malheureux condamné sans avoir pu seulement prononcer une
parole,

Je ne crois pas, Messieurs, que, dans une cause même faite à plai- RÉFUTATION.
sir, on pût présenter une défense plus solide. J'ai prouvé par les principes généraux de la loi naturelle et de la loi positive, par l'article 190,
que Maubreuil avoit le droit d'assister aux débats ; que personne n'é-
toit intéressé à s'y opposer; que les principes d'une bonne police et les

convenánces du barreau faisoient un droit d'accueillir cette demande ;
et qu'un refus seroit à la fois illégal , inhumain et contraire aux convenances. A la lueur de ces lumières réunies, examinons les difficultés
que l'on peut nous opposer.

Elles se confondent toutes dans une seule qui consiste à dire , que la
détention étant de droit public , on ne peut la violer , la suspendre,
que par un motif d'intérêt public : que la demande de Maubreuil ne
présente qu'un intérêt privé , et que conséquemment elle doit être
rejetée. Ce raisonnement qui, comme tout autre , se réduit à trois
parties distinctes , a des défauts dans les unes et dans les autres.

D'abord, la conséquence est mal tirée, puisqu'elle n'a aucun rapport
avec les deux premières propositions : qu'importe que la détention ne
puisse être violée ou suspendue que par des motifs d'intérêt public,
lorsqu'on n'en demande ni la violation ni la suspension ? Quel obstacle
peut opposer à la prière de Maubreuil l'impossibilité de suspendre ,
pour une cause privée , la détention , lorsqu'il ne sollicite point qu'on
la suspende ? Cette objection contient donc le vice que les philosophes
désignent, en disant que la conclusion n'est pas renfermée dans les
prémisses.

Mais les maximes générales manquent de justesse ; car , à parler sai-
nement, il n'est jamais permis de violer la détention ; on peut bien en
atténuer la rigueur , mais la violer , jamais. Quant aux atténuations ,
elles auront lieu pour des motifs d'intérêt public et privé. C'est au magistrat à peser les circonstances, et à concilier ensemble l'intérêt de la
société et l'intérêt du détenu qui, pour son avantage particulier, peut
quelquefois obtenir que la détention soit adoucie : aussi n'est-il pas
sans exemple que des prisonniers aient , sur des attestations de méde-
cins, été transférés à la campagne , dans des maisons de santé. Peu
importe après tout ce qu'on en pensera , puisqu'il ne s'agit pas même
aujourd'hui de diminuer la rigueur de la captivité, mais d'en changer
quelques instans le mode.

Enfin , dit-on, la demande de M. de Maubreuil ne présente
qu'un intérêt privé. Eh bien ! quand cela seroit, devroit-il moins
obtenir ce qui lui est assuré par le texte de la loi ? Une disposition
formelle attribuant un droit à une partie, ne doit-elle pas l'emporter

sur toutes ces inductions subtiles que n'appuie aucune disposition de loi ? En outre, l'intérêt public est indubitable ; et s'il ne sollicite pas encore un châtiment, au moins demande-t-il une instruction. J'ai trop éclairci ailleurs ces idées pour y insister encore. J'ajouterai un seul développement. Prenez y garde, Messieurs, on ne peut réduire cette demande à un intérêt privé, sans préjuger implicitement la question du fond, et sans juger ce procès qui n'est pas même encore entamé : aussi a-t-on pris ce parti en première instance, et le minis-tère public voulant établir que la société demeuroit étrangère à ce dé-bat, a déclaré qu'ayant examiné la cause, il s'étoit convaincu qu'elle ne présentoit point de délit, et que d'avance il en faisoit abandon ; mais moi, Messieurs, j'ai bien étudié la plainte : je l'ai connue même avant qu'elle se portât au parquet ; le temps chez moi a pu suppléer au défaut de lumières : eh bien, j'affirme, moi, que M. de Semallé est coupable ; que dis-je, affirmer ? j'en jure par ma conscience. Les imputations qu'il dirige contre Maubreuil, si elles étoient prouvées, enverroient ce malheureux sur la Grève, couvert du voile noir, pour y perdre la main capable d'exécuter un parricide, et la tête assez exécrable pour en concevoir la pensée. Je le prouverai aisément, si jamais je suis admis à discuter le procès ; mais qu'importe le résultat de la plainte ; c'est l'instruction qui est de droit public, la société étant intéressée à ce que les recherches ne demeurent point impar-faites.

Ce n'est pas tout, Messieurs : en ne voyant dans la demande de Maubreuil que la demande même, elle s'élève au-dessus de l'intérêt privé : le pouvoir de se défendre intéresse sans doute l'ordre public, et la liberté individuelle ; la faculté de repousser une attaque, d'user de la justice et des tribunaux, la conservation de ces droits même dans un simple particulier, est bien l'affaire de toute la société. Le droit de nous défendre fait partie de nous-mêmes ; vous ne pouvez l'enlever à Maubreuil sans lui arracher en quelque sorte les membres, et sans offenser le corps social dont il fait partie. N'en doutez donc pas, Messieurs, Maubreuil a pour lui des principes d'ordre public, et l'on ne peut le rejeter sans offenser la liberté individuelle.

Je n'ai point à m'occuper particulièrement des motifs de la décision ;

ce que j'ai dit les a refutés d'avance. Je ferai cette seule reflexion, qu'on ne rencontre même pas dans le jugement ce qui a déterminé les magistrats. Ils rassemblent avec soin les preuves du pouvoir qu'ils croient posséder de refuser la demande; mais le motif qui les porte à en faire usage, ils n'en disent pas un mot. Il le falloit pourtant, même dans leur système, sous peine de ne motiver qu'à moitié leur décision.

PÉRORAISON.   Cette puissance prétendue, j'ai démontré qu'ils ne l'avoient pas : mais, quand elle leur auroit appartenu, devoient-ils s'en servir contre Maubreuil, lui qui, demandeur en apparence, est défendeur en réalité; qui, cité au tribunal de l'opinion publique, ne veut paroître que pour se justifier. En perdant sa liberté a-t-il perdu tous ses droits de Français? et sera-t-il permis à chacun de l'avilir, de le calomnier, interdit à lui de se défendre? Il ne vous supplie pas de l'envoyer aux soins de sa fortune, à la conservation de son patrimoine, livré en proie à toutes sortes de brigandages depuis trois années que dure cet emprisonnement: ce qu'il sollicite avec instance, c'est que vous n'ordonniez pas qu'il soit forcé de recevoir le poignard de son ennemi sans faire entendre une seule plainte. Certes, messieurs, les droits de la détention ont été poussés assez loin contre Maubreuil, pour qu'on le laisse sans regrets jouir de cet adoucissement, si pourtant c'en est un, que ce qu'il vous demande. C'est à vous, Messieurs, qu'il appartient de lui donner cette consolation, vous qui, les premiers, avez daigné l'accueillir : et puisque les hommes pleins de douceur et d'humanité accordent volontiers des marques de bienveillance à ceux qu'ils ont une fois secourus, vous, que distinguent ces nobles qualités, le plus bel attribut de la magistrature, n'omettez point l'occasion la plus juste et la plus glorieuse de les signaler.

PINET, Avocat.

M. DE MAUBREUIL *à M.* PINET, *Avocat.*

MONSIEUR,

Je vous prie de placer à la suite de votre plaidoyer, dont j'ai demandé l'impression, les ordres et la note que je vous envoie. Les ordres prouvent la mission. Ils sont une réponse muette du moins, puisqu'on ne m'a point admis encore à en faire d'autres aux préventions qui me poursuivent. Les accusés arrivent d'ordinaire trop tôt, et malgré eux, au jugement; c'est tout le contraire de moi. La note concourra au même effet. L'héritier d'un nom illustre et d'une grande fortune, ne se fait pas voleur de grand chemin. Cette note, en montrant quel est mon sang, achèvera de détruire les calomnies de Semallé, déjà réfutées par leur propre absurdité.

J'ai l'honneur d'être, etc.

Signé GUERRY DE MAUBREUIL.

De la Conciergerie, ce 17 juin 1817.

Copie desdits ordres.

MINISTÈRE DE LA POLICE GÉNÉRALE.

Il est ordonné à toutes les autorités chargées de la police de France, aux commissaires généraux, spéciaux et autres, d'obéir aux ordres que M. de Maubreuil leur donnera, et de faire exécuter à l'instant même tout ce qu'il leur prescrira, M. de Maubreuil étant chargé d'une *mission secrète* de la plus *haute importance.*

Cachet.   Le Commissaire provisoire au département
                           de la police générale,
                                        Signé ANGLÈS.

Paris, 16 avril 1814.

Commissariat de la police générale.

MINISTÈRE DE LA GUERRE.

Il est ordonné à toutes les autorités militaires, d'obéir aux ordres qui leur seront donnés par M. de Maubreuil, lequel est autorisé à les requérir et en disposer selon qu'il le jugera convenable, étant chargé d'une *mission secrète.* MM. les commandans veilleront à ce que les troupes soient mises sur-le-champ à sa disposition, et qu'il n'éprouve aucun retard pour l'exécution des ordres dont il est chargé pour le service de S. M. Louis XVIII.

Cachet.

Le Ministre de la guerre,
Signé le général comte DUPONT.

Paris, le 16 avril 1814.

DIRECTION GÉNÉRALE DES POSTES ET RELAIS DE FRANCE.

Le Directeur général des postes ordonne aux maîtres de postes de fournir à l'instant à M. de Maubreuil, chargé d'une *importante mission*, la quantité de chevaux qui lui sera nécessaire, et de veiller à ce qu'il n'éprouve aucun retard pour l'exécution des ordres dont il est chargé.

Cachet.

Le Directeur général des postes et relais de France,
Signé BOURIENNE.

Hôtel des Postes. Paris, 17 avril 1814.

P. S. Le Directeur général ordonne aux inspecteurs et maîtres de postes, de veiller avec le plus grand soin à ce que le nombre de chevaux demandé par M. de Maubreuil lui soit fourni avant, et de préférence à qui que ce soit, et qu'il n'éprouve aucune espèce de retard.

Cachet.

Le Directeur général,
Signé BOURIENNE.

Paris, 17 avril 1814.

Ordre Russe.

. . . .
. . . .
. . . .
. . . .

Signé le baron SACKEN.

TRADUCTION LITTÉRALE.

M. le général de Maubreuil étant chargé d'une *haute mission* d'une très-grande *importance*, pour laquelle il est autorisé à requérir les troupes de S. M. Impériale russe, M. le général en chef de l'infanterie russe, baron Sacken, ordonne aux commandans des troupes de les lui mettre à sa disposition, pour l'exécution de *sa mission*, dès qu'il les demandera.

Cachet.

Le général en chef de l'infanterie russe, gouverneur de Paris.
Signé baron SACKEN.

Paris, 17 avril 1814.

Ordre Allemand.

. . . .
. . . .
. . . .
. . . .
. . . .

. . . . .

Signé baron DE BROKENHAUSEN.

TRADUCTION LITTÉRALE.

M. le général Maubreuil étant autorisé à parcourir en France pour des
affaires *d'une très-haute importance*, et pour l'exécution de *très-hautes missions ;*
que dans son besoin il peut avoir occasion de requérir les troupes des hautes-
puissances, en conséquence, et suivant l'ordre de **M.** le général en chef de
l'infanterie russe, baron Sacken, il est ordonné à **MM.** les commandans des
troupes alliées, de les lui fournir sur ses demandes, pour l'exécution de ces
hautes missions.

Cachet.   Le général d'état-major,

       Signé baron DE BROKENHAUSEN.

Paris, 17 avril 1814.

Nota. Comme il pourroit arriver que MM. de Maubreuil et Dasies fussent
obligés d'agir séparément, ou Dasies au lieu et place de Maubreuil, les cinq
ordres ci-dessus furent en double, et identiquement dans les mêmes termes,
remis à la personne y dénommée du sieur Dasies.

MINISTÈRE DE LA POLICE GÉNÉRALE.

Il est ordonné à toutes les autorités chargées de la police de France, aux
commissaires-généraux, spéciaux et autres, d'obéir aux ordres que **M.** Dasies
leur donnera de faire, et d'exécuter à l'instant même tout ce qu'il prescrira,
M. Dasies étant chargé d'une *mission secrète* de la plus haute *importance.*

Cachet.   Le Commissaire provisoire au département
      de la police générale,

       Signé ANGLÈS.

Paris, 16 avril 1814:
Commissariat de la police générale.

MINISTÈRE DE LA GUERRE.

Il est ordonné à toutes les autorités militaires d'obéir aux ordres qui leur
seront donnés par **M.** Dasies, lequel est autorisé à les requérir et en disposer

selon qu'il le jugera convenable, étant chargé d'une *mission secrète*; MM. le commandans des corps veilleront à ce que les troupes soient mises sur-le-champ à sa disposition, et qu'il n'éprouve aucun retard pour l'exécution des ordres dont il est chargé pour le service de S. M. Louis XVIII.

Cachet.

Le Ministre de la guerre,

Signé le général comte DUPONT.

Paris, 16 avril 1814.

DIRECTION GÉNÉRALE DES POSTES.

Le Directeur-général des postes ordonne aux maîtres de postes, de fournir à l'instant à M. Dasies chargé d'une *importante mission*, la quantité de chevaux qui lui sera nécessaire, et de veiller à ce qu'il n'éprouve aucun retard pour l'exécution des ordres dont il est chargé pour le service des postes.

Cachet.

Le Directeur-général des postes

et relais de France,

Signé BOURIENNE.

Paris, 17 avril 1814.

P. S. Le Directeur-général ordonne aux inspecteurs et maîtres de postes, de veiller avec le plus grand soin à ce que le nombre de chevaux demandé par M. Dasies lui soit fourni avant, et de préférence à qui que ce soit, et qu'il n'éprouve aucun retard.

Cachet.

Le Directeur-général,

Signé BOURIENNE.

Paris, 17 avril 1814.

Ordre Russe.

. . . .
. . . .
. . . .
. . . .

Signé baron SACKEN.

TRADUCTION LITTÉRALE.

M. le commandant Dasies étant chargé d'une *haute mission* d'une très-grande *importance*, pour laquelle il est autorisé à requérir les troupes de S. M. Impériale russe, en conséquence, M. le général en chef de l'infanterie russe, baron Sacken, ordonne aux commandans des troupes de les lui mettre à sa disposition pour l'exécution de *sa mission*, dès qu'il le demandera.

Cachet.

Le général en chef de l'infanterie russe,

gouverneur de Paris;

Signé baron SACKEN;

Paris, 17 avril 1814.

Ordre Allemand.

. . . .
. . . .
. . . .
. . . .
. . . .

Signé baron DE BROKENHAUSEN.

TRADUCTION LITTÉRALE.

M. le commandant Dasies étant autorisé à parcourir en France pour des
affaires d'une haute *importance*, et pour l'exécution de très-hautes *missions*,
que, dans son besoin, il peut avoir occasion de requérir les troupes des hautes
puissances, en conséquence et suivant l'ordre de M. le général en chef de l'infanterie russe, baron Sacken, il est ordonné à MM. les commandans des
troupes alliées de les lui fournir sur ses demandes pour l'exécution de ces hautes
missions.

Cachet.
Le général de l'état-major,
Signé baron DE BROKENHAUSEN.

Paris, 17 avril 1814.

*Liste des membres de la famille de M. DE MAUBREUIL, morts
depuis vingt-cinq ans pour la cause royale.*

Son grand-père a été tué au combat de Sablé en 1793, après le passage
de la Loire.

Son père a été tué au-combat d'Aisenay (juin 1815).

Le chevalier Gilbert de Guerry, frère de son père, a été fusillé à Auray
en 1795 (c'est lui qui alla à la nage faire cesser le feu de la corvette an-
glaise *Lelarek* qui tiroit à mitraille sur la plage de Quiberon. Il voulut revenir
périr avec ses compagnons d'infortune); action, dit M. de Chaumeraix,
qui passera à la postérité. (Voyez la relation imprimée de M. de Chaumeraix, à l'Histoire de la Guerre de la Vendée, par M. Alphonse de Beauchamps,
tit. 3, pag. 227.)

Benjamin de Guerry, autre frère de son père, fusillé également à Auray
à la même époque.

Sept autres oncles, MM. de la Salle de la Verrie, de Lezardière, tués à
Quiberon en 1795.

MM. de Marmande, de Chevigné, tués au passage de la Loire, 1793.

De la Morissière, tué également en 1794.

Alexis Duchaffaut (neveu du cordon rouge), tué à Blain, 1794. (Voyez *Guerre de la Vendée*, t. 1, p. 124.)

Guerry de Clausy, fusillé. (Voyez *Guerre de la Vendée*, t. 1, p. 125.)

Enfin, dix-neuf parens, et même vingt-deux : voilà tout ce que sa famille a perdu depuis vingt-cinq ans, par suite de son attachement à la cause royale. Il en est encore plusieurs dont on oublie les noms et les époques de mort.

On peut ajouter une circonstance remarquable, c'est que la Vendée, si utile aux Bourbons, a commencé avec et sur sa propre famille en 1793, et fini en 1815 avec elle, en sorte que la famille de M. de Maubreuil peut s'appeler *Racine de la Vendée.*

« C'est par l'incendie du château de la Proutière que commença la révolte » dans la Vendée ; le marquis de Lezardière (1), propriétaire de ce château, » paroissoit l'âme du rassemblement. Vingt-deux voiles anglaises parurent sur » les côtes ; une circulaire insurrectionnelle tomba aux mains des patriotes ; » l'alarme devint générale ; Dumourier, à la tête du régiment de Rohan et » des patriotes des Sables-d'Olonne, s'y porta, etc. »

(Voyez *Guerre de la Vendée*, par M. de Beauchamp, tom. 1er, pag. 41. Voyez *Mémoires de Madame de la Rochejaquelein*, 1re partie.)

Guerry de Beauregard, père de *Maubreuil ;* Tinguy de Nesmy, son gendre ; Louis de la Rochejaquelein, son beau-frère ; de Suzannet, son cousin ; et Charrette, tués aux combats d'Oisenax, de Saint-Gilles et de Roche-Servière. (Voyez *Journal de l'Empire*, ... juin 1815.)

---

(1) Oncle de M. de Maubreuil.